AF124826

BEI GRIN MACHT SICH IHR WISSEN BEZAHLT

- Wir veröffentlichen Ihre Hausarbeit, Bachelor- und Masterarbeit

- Ihr eigenes eBook und Buch - weltweit in allen wichtigen Shops

- Verdienen Sie an jedem Verkauf

Jetzt bei www.GRIN.com hochladen und kostenlos publizieren

Bibliografische Information der Deutschen Nationalbibliothek:

Die Deutsche Bibliothek verzeichnet diese Publikation in der Deutschen National-
bibliografie; detaillierte bibliografische Daten sind im Internet über http://dnb.d-
nb.de/ abrufbar.

Impressum:

Copyright © 2014 GRIN Verlag, Open Publishing GmbH
Druck und Bindung: Books on Demand GmbH, Norderstedt Germany
ISBN: 9783668531321

Dieses Buch bei GRIN:

http://www.grin.com/de/e-book/376282/ethnische-bildungsungleichheiten-hinter-
gruende-und-erklaerungsversuche

Anonym

Ethnische Bildungsungleichheiten. Hintergründe und Erklärungsversuche

GRIN Verlag

Erklärungsmechanismen
ethnischer Bildungsungleichheiten

Gliederung

1. Migration und Schulerfolg
2. Primäre Effekte
3. Sekundäre Effekte
4. Schule & Schulklassen
5. Tertiäre Effekte
6. Gesamtbild & Resümee

Diskussionsfrage

Was stellt ihr euch unter Bildungsungleichheiten vor?

Vorurteile bezüglich Bildungsungleichheiten

- Die Migranten selbst! – resultierend aus mangelndem Interesse
- Die Lehrkräfte! – falsche Einschätzung der KK, überfordert
- Das Bildungssystem – Systemeinteilung und Ressourcen

1. Migration und Schulerfolg

Wichtige Faktoren zur Bestimmung von Ungleichheiten im Bildungserfolg

- Bildungsetappen
- Altersgruppen
- Generationszugehörigkeit
- Humankapital
- Ressourcen
- Unterschiede in der Herkunftsgruppe

1.1 Unterschiedliche Bedingungen und ihre Systematisierung

- A: Makrobedingungen

- B: Mesobedingungen

- C: Mikrobedingungen

A: Makrobedingungen

- Gesellschaftliche Ebene

- Schulische Systeme

- Teilsysteme

- Schulformen

B: Mesobedingungen

- Charakteristiken von Schulen und Schulklassen

- Kompensionseffekte

- Wohnumgebung

C: Mikrobedingungen

Merkmale der Schüler, Eltern und Lehrkräfte

- Betrachtung des ökonomischen, kulturellen und sozialen Kapitals
- Sprachkenntnisse (Verkehrssprache)
- Diskriminierung seitens der Lehrkräfte
- Stereotype und ihre Auswirkungen
- Erwartungshaltung der Lehrer an die Gruppe

1.2 Hartmut Esser

- **Sozialer Hintergrund (SHG)**
  Positionierung nach Bildung und sozialem Status der Familie (sozio-ökonomisch)
- **Migrationshintergrund (MHG)**
  Die besonderen Umstände der Migrations- und Integrationsbiographie / Der Generationsstatus
- **Ethnischer Hintergrund (ESG)**
  Die nationale/regionale Herkunft / Formelle Zuordnung oder Selbstzuschreibung der ethnischen Zugehörigkeit

Ethnische Bildungsungleichheit

Zwei Hypothesen zur Entstehung von Stereotypen
nach Esser

- 1. <u>Interne Besonderheiten ethnischer Gruppen</u>
  - Kulturell verankerte spezielle Motivationen und Werthaltungen oder Unterschiede in kulturellen Distanzen zwischen Aufnahmeland und ethnischer Herkunft

- 2. <u>Externe Umstände</u>
  - Informelle Grenzziehungen, wie Stereotype und Diskriminierungsneigungen in der Aufnahmegesellschaft
  - Ethnisierende Abgrenzungen der ethnischen Gruppe selbst

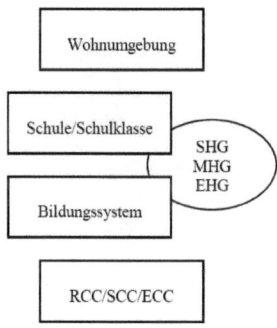

2. Primäre Effekte

- <u>Kapitalbegriff</u> = kulturelles, soziales oder Humankapital

- individuelle Wahl der Ressourcen führt zu unterschiedlichen Handlungsmustern

- <u>Investitionen</u> = Interaktionssystem, welches Lernen und Kompetenzerwerb, Interventionen der Familie und Bemühungen des Lehrpersonals umfasst
  → bewusste Formen des Handelns → primäre und sekundäre Effekte (Boudon)

Raymond Boudon

- <u>Primäre Effekte</u> = Interesse an Einflüssen der sozialen Herkunft auf den Kompetenzerwerb, Lernvoraussetzungen in den Familien

- Tätigen von unterschiedlichen Investitionen führt zu Unterscheidung im Qualifikationserwerb

- **sozialer Herkunftseffekt**: lernrelevante Ressourcen, Bildungserfahrung der Eltern, kulturelles oder ökonomisches Kapital, finanzielle Ressourcen usw.

- beziehen sich auf Meso- und Makrofaktoren

- Selektion erfolgt mit Blick auf sozialen Status; Zuwanderfamilien besitzen meist niedrigeren sozialen Status

- migrationsspezifische Ungleichheit = die nach der Berücksichtigung von sozialer Herkunft entstandene Ungleichheit; stellt Effekte dar, die nur Kinder mit Migrationshintergrund betreffen

- Ressourcen lassen sich nicht alle gleich einsetzten und umsetzen→ anhängig von sozialer und ethnischer Herkunft

- **ethnischer Herkunftseffekt**: Sprache, kulturell geprägtes Vorwissen, Kenntnisse der Verkehrssprache, Einstellung der Lehrkräfte im Bezug auf Klassen mit Migrantenkindern

Soziale und ethnische Herkunftseffekte

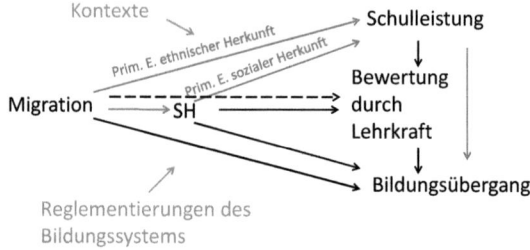

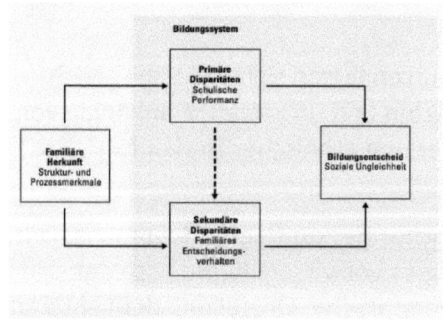

3. Sekundäre Effekte

- Einflüsse der sozialen und ethnischen Herkunft, die auf die Bildungsentscheidung wirken

- Treten unterschiedlich stark/schwach auf

- „Wie zuvor bei den primären Effekten geht es letztlich darum, ausgehend von den allgemeinen Modellen zur Erklärung von Bildungsentscheidungen anzugeben, auf welche Weise die jeweilige Bedingung wirksam wird." (Kristen & Dollmann)

Soziale und ethnische Herkunftseffekte

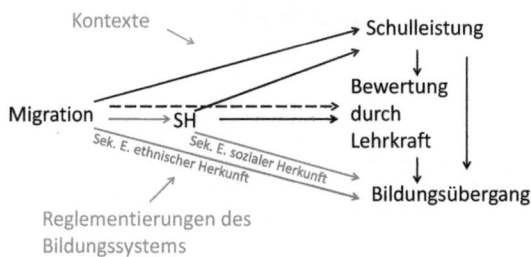

Sekundäre Effekte sozialer Herkunft

- Statuserhalt

- Unterschiede im Wissen über das Bildungssystem: fehlende Erfahrungen & Einschätzungen

- Ressourcenausstattung

Sekundäre Effekte ethnischer Herkunft

- Auch hier: die Unterschiede im Wissen über das Bildungssystem

- Motivation oft stärker bei Migranten

- Sozialer Aufstieg in der 1. Generation oft unmöglich → 2. Generation schafft oftmals einen positiven Bildungsübergang

4. Schule und Schulklasse
als zentraler Kontext bei der Kompetenzentwicklung

- ## Drei intervenierende Bedingungen:

- 1. Das nach Schultyp und Bildungsstufe auch gezielt unterschiedliche **Curriculum**
- 2. Die **Komposition** der Schulen und Schulklassen
- 3. Die **Ausstattung** und das **Prestige** der jeweiligen Schule

Schule und Schulklasse
als zentraler Kontext bei der Kompetenzentwicklung

Kontext und Ebene	strukturelle Indikatoren	intervenierende Bedingungen	theoretische Konstrukte
Schule und Schulklasse	Bildungsstufe Schultyp	Curriculum Komposition Ausstattung/Prestige	Exposure/Effizienz KK Motivation KK Motivation BL Opportunitäten BL Stereotype/Signale BL

Quelle: H. Esser Ethnische Bildungsungleichheit. Konzeptionelle und theoretische Grundlagen.

13

Bildungssystem
als zentraler Kontext bei der Kompetenzentwicklung

- ## Drei strukturelle Aspekte:

- 1. Der institutionelle **Ausbau** und das tatsächliche Ausmaß an Bildungsbeteiligung der Bevölkerung
- 2. Die Art der **Differenzierung** zwischen verschiedenen Bildungswegen und Bildungseinrichtungen
- 3. Die **Organisation** der Bildungseinrichtungen

Soziale und ethnische Herkunftseffekte

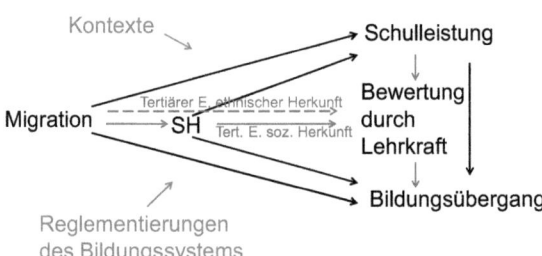

5. Tertiäre Effekte

- <u>Allgemeine Begriffserklärung nach Esser</u>:
  „Tertiäre Effekte der sozialen Herkunft beschreiben die jeweils eigenen Wirkungen der sozialen Herkunft von Kindern und deren Familien auf die Bewertung der Leistungen durch das Lehrpersonal."
- <u>Erwartungseffekte/Diskriminierung</u> aufgrund gewisser Einstellungen seitens des Lehrpersonals über die durchschnittliche Leistungsfähigkeit von Kindern unterschiedlicher sozialer Herkunft. Vor allem in Hinblick auf mögliche systematische Abweichungen von objektiv vorhandenen Kompetenzen mit den jeweils vergebenen Noten und Empfehlungen

Der gemeinsame Hintergrund: **„Investition"**

- Kompetenzerwerb der Kinder kann auch über die nach der ethnischen Herkunft der Kinder <u>unterschiedlichen Erwartungen und Bemühungen</u> des Lehrpersonals im Unterricht anders ausfallen
  - Bemühungen des Lehrpersonals als eine mehr oder weniger starke Abweichung von institutionell eingespielten und gegebenen Routinen, Erwartungen und Einstellungen bei der Unterrichtsgestaltung und bei der Bewertung
  - Bemühungen des Lehrpersonals variieren mit der Verankerung und Verfestigung der jeweils zu überwindenden persönlichen und institutionellen Erwartungen, Routinen und Stereotype

6. Bildungsverlauf und die Vermittlung zwischen der sozialen Herkunft und dem Bildungserfolg

Notizen zur Folie: Zusammenf. d. Grundstruktur d. Vorgänge, die zw. der soz. Herkunft u. dem Bildungserfolg im Bildungsverlauf vermitteln. Vereinfachter Bildungsverlauf: Eintritt in eine best. Bildungseinrichtung, Übergang + Ausgang.

Ausgehend vom Kontext + den fam. Bedingungen kommt es über Lernvorgänge zu einem Kompetenzerwerb innerhalb der Familie (K(F)) u. von da aus einem institutionellen Kontakt mit einer Bildungseinrichtung (BE1). Daraus ergibt sich nach den Lernbedingungen in der Bildungseinrichtung, den Bemühungen des Lehrpersonals u. den Einflüssen in den Familien eine best. Kompetenzentwicklung in der entsprechenden Bildungsstufe (K(BE1). Die Kompetenzen sind Grundlage für die Bewertungen des Lehrpersonals in Form von Noten + Empfehlungen zum Besuch weiterer Bildungswege (BE2). Ergebnis: individuell u. nach soz. Herkunft unterschiedl. Bildungserfolge.

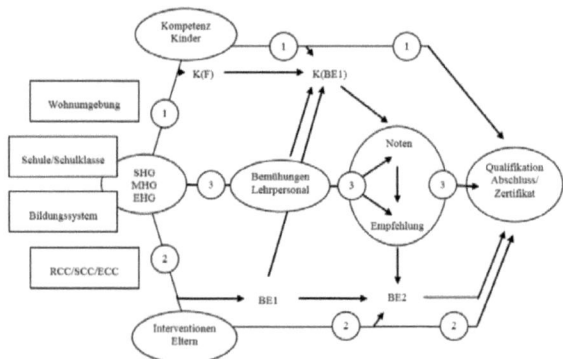

Zusammenfassung soziale und ethnische Herkunftseffekte

- Primärer Effekt sozialer Herkunft: Wirkung der sozialen Herkunft auf Leistungen; diese wirken sich wiederum auf Bildungsübergänge/den allg. Bildungserfolg aus
- Primärer Effekt ethnischer Herkunft: Migrationsspezifische Nachteile im Leistungserwerb, die von der soz. Herkunft unabhängig wirken
- Sekundärer Effekt sozialer Herkunft: Unabhängig von den Leistungen sozial abhängige Bildungsentscheidungen (Kosten-Nutzen-Abwägung, Motiv d. Statuserhalts)

Notizen zur Folie

Primärer E. soz. H.: wirken bei Migranten besonders stark, da sie hinsichtlich ihrer soz. H. negativ selektiert sind. D.h. sie stammen aufgrund ihrer Gastarbeitervergangenheit häufig aus sehr ländl. Regionen, weisen ein sehr geringes Qualifikationsniveau auf, da sie für gering qualifizierte Arbeiten angeworben wurden.

Primärer E. ethn. H.: da spezif. Kapitalien wie Verkehrssprache/kulturelles Wissen nicht ins Zielland übertragbar

- Sekundärer Effekt ethnischer Herkunft: Migranten zeigen bei gleicher Leistung und soz. Herkunft ein ambitionierteres Entscheidungsverhalten auf, als einheimische Familien → wirkt auf Migranten positiv
- Tertiärer Effekt sozialer Herkunft: Einflüsse der sozialen Herkunft, die auf die Bewertungen der Leistungen der Kinder durch das Lehrpersonal wirken (Diskriminierungen)
- Tertiärer Effekt ethnischer Herkunft: Benachteiligung der Schüler aufgrund ihrer ethnischen Herkunft (unabhängig von der soz. Herkunft)

Notizen zur Folie

Sekundärer E. ethn. H.: d.h., sie gehen auch bei geringerer soz. Herkunft u. schlechteren Leistungen auf höhere Schulformen über. Aspirationen!

Tertiärer E. soz. H.: Diskriminierung mit Blick auf die soz. H. d. Kinder

Tertiärer E. ethn. H.: Diskriminierung aufgrund der ethn. H. d. Kinder

Ethnische Bildungsungleichheit

- Spezialfall der sozialen Ungleichheit
- Unterschiede im Bildungserfolg zw. Bevölkerungsteilen verschiedener ethnischer Herkunft
- Zwei Hypothesen: interne Besonderheiten u. externe Umstände
- Erklärung: Rekonstruktion d. Bedingungen, die allgemein Unterschiede im Bildungserfolg bewirken
  → Kinder, Familien & Lehrpersonal verantwortlich für Zusammenhänge zw. der sozialen Herkunft u. dem Bildungserfolg

Notizen zur Folie

Soziale Ungl. = Unterschiedlichk. in Lebensstil, Bildung, Einkommen; Bildungsungl. = Ungleichheit nach best. Kategorien im Bildungserfolg, etwa die nach der soz. Herkunft von Familien; ethn. Bildungsungleichheit = Bildungsuntersch. in Bezug auf die nationale Herkunft (empirisch feststellbar);

2 Hypothesen zu ethn. Unterschieden, auch nach Kontrolle von soz. H. u. Migrationshintergr. „interne Besonderheiten" = kulturell verankerte Motivationen o. Werthaltungen; „externe Umstände" = Stereotype u. Diskriminierungen

Ergebnis

- Für die ethnische Bildungsungleichheit ist der allg. soziale Hintergrund im Vergleich zum Migrationshintergrund bedeutender
  - → Auf die Ebene der familiären Umstände zurückzuführen, erst dann auf die der Schulen/Schulklassen, der Bildungssysteme sowie gesellschaftlichen Bedingungen
- Bedeutung primärer Effekte sozialer Herkunft: Kompetenzentwicklung über ersten Lebensjahre ist Schlüsselrolle bei Entstehung nachteiliger Bildungsmuster
- Bessere schulische Leistungen durch frühzeitigen Kontakt mit Verkehrssprache

Notizen zur Folie

- Ethnische Benachteiligungen auf soz. Ursachen (geringe sozioökonomische u bildungsbezogene Ressourcen → Einwanderer meist Arbeitsmilieu, geringe finanzielle Mittel...) u nicht auf ethn. Ungleichh. zurückzuführen
- Spezifisch ethn. Effekte abgeschwächt, Zunahme der Bedeutung soz. Herkunft
- Untersch. in schul. Leistungen bedingt durch soz. Herkunft
- Bildungsnachteile als Ergebnis primärer soz. Effekte → Gastarbeitervergangenheit, geringes Qualifikationsniveau

- Nachteilige Übertrittsraten auf Leistungsunterschiede in vorgelagerten Bildungsetappen zurückzuführen (primäre Effekte)
  - → bei gleicher Ausgangslage nur noch geringe Unterschiede im Übergangsverhalten
- Verbleibende Disparitäten an Bildungsübergängen bedingt durch soziale Bedingungen (sekundäre soziale Herkunftseffekte)
- → Migrantenkinder wechseln bei gleichen schulischen Leistungen u. ähnlichem sozialen Hintergrund häufiger auf anspruchsvollere Schularten
- → Vermehrt Aufnahme eines Studiums
- → Positive migrationsspezifische sekundäre Effekte an den Verzweigungspunkten im Bildungsverlauf
- → Besondere Bildungsmotivation in Zuwanderfamilien

Notizen zur Folie

- Leistungsunterschiede in vorgelagerten Bildungsetappen damit auf primäre Effekte zurückzuführen.
- Migranten hinsichtlich ihrer sozialen Herkunft negativ selektiert.
- Dieses vorteilhafte Übergangsverhalten steht mit der besonderen Bildungsmotivation in Zuwanderfamilien in Verbindung.
- Aber: auch eine ausgeprägte Motivation kann schwache schulische Leistungen in den vorgelagerten Bildungsetappen nicht kompensieren!

Soziale und ethnische Herkunftseffekte

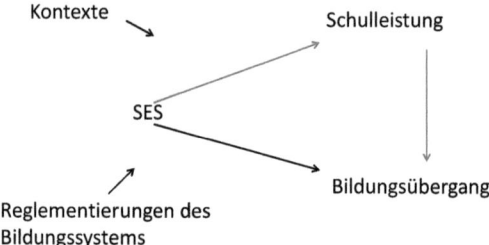

Notizen zur Folie

Soziale Herkunftseffekte nach Boudon:

Primärer Effekt sozialer Herkunft Wirkung der sozialen Herkunft auf Leistungen, diese wirken sich wiederum auf Bildungsübergänge oder allg. Bildungserfolg aus. Erklärung wie in Ihrem Handout beschrieben (kulturelle, ökonomische, soziale Ressourcen/Kapitalien)

Soziale und ethnische Herkunftseffekte

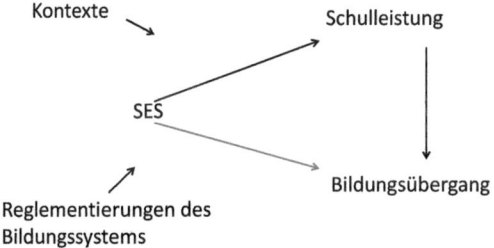

Notizen zur Folie

Soziale Herkunftseffekte nach Boudon:

Sekundärer Effekt sozialer Herkunft:
UNABHÄNGIG von den Leistungen soziale
abhängige Bildungsentscheidungen (Kosten-
Nutzen-Abwägung, Motiv des Statuserhalts)
wie in Ihrem Handout beschrieben.

Soziale und ethnische Herkunftseffekte

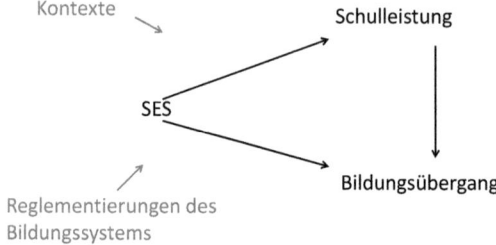

Notizen zur Folie

— Generell: Vor allem primäre Effekte nicht unabhängig von den Kontexten (z.b. Zusammensetzung der Schulklasse nach sozialer aber auch ethnischer Herkunft beeinflusst den individuellen Lernfortschritt)

— Vor allem sekundäre Effekte davon betroffen, wie im Bildungssystem Entscheidungen getroffen werden (z.B. verbindliche Übertrittsempfehlung durch die Grundschullehrkraft verringert elterlichen Entscheidungsspielraum, daher weniger Raum für sekundäre Herkunftseffekte im Vgl. zu Systemen, in denen Eltern frei über die weitere Sekundarschulform entscheiden können)

— Beide Punkte können auch am Schluss ergänzend erwähnt werden (vielleicht auch erst am Schluss einblenden). Das ist nichts, was erst einmal für das Verständnis der Unterscheidung nach sozialen und ethnischen Effekten zentral ist.

Soziale und ethnische Herkunftseffekte

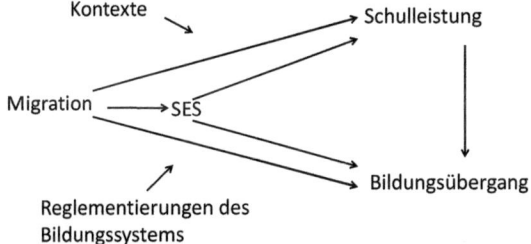

Notizen zur Folie

Modell wird um den Migrationshintergrund bzw. die ethnische Herkunft erweitert.

Soziale und ethnische Herkunftseffekte

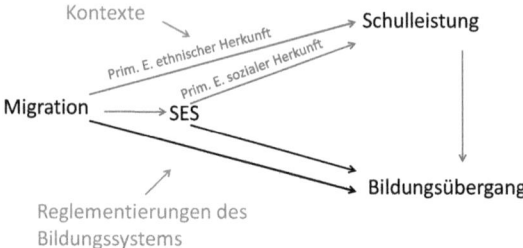

Notizen zur Folie

Pfeil Migration – SES: Soziale Herkunftseffekte bei Migranten besonders wichtig, da Migranten hinsichtlich ihrer sozialen Herkunft negativ selektiert sind. D.h. sie stammen aufgrund ihrer Gastarbeitervergangenheit häufig aus sehr ländlichen Regionen, weisen ein sehr geringes Qualifikationsniveau auf, da sie für gering qualifizierte Arbeiten angeworben wurden. Das macht sich auch heute noch in der sozialstrukturellen Zusammensetzung der Migranten in Deutschland bemerkbar. Damit sollten primäre Effekte der sozialen Herkunft bei Migranten besonders stark wirken.
Darüber hinaus wirken primäre Effekte der ethnischen Herkunft, da spezifische Kapitalien nicht ins Zielland übertragbar, wie etwa die Verkehrssprache/(kulturelles) Wissen. Es handelt sich also um migrationsspezifische Nachteile im Leistungserwerb, die von der sozialen Herkunft unabhängig wirken.

Soziale und ethnische Herkunftseffekte

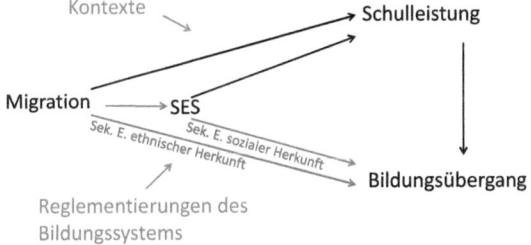

Notizen zur Folie

Da Migranten ja hinsichtlich ihrer sozialen Herkunft negativ selektiert sind, ist es denkbar, dass hier natürlich auch sekundäre Effekte der sozialen Herkunft wirken. Empirisch zeigt sich aber, dass bei gleicher Leistung (also unter Kontrolle der primären Effekte) die Bildungsentscheidungen bei Migranten weniger stark von der sozialen Herkunft abhängen. Das kann ich gerne ergänzend erläutern, da wir hier keinen speziellen Text dazu in der Sitzung haben. Das weist bereits auf die sekundären Effekte der ethnischen Herkunft hin, denn Migranten zeigen bei gleichen Leistungen und sozialer Herkunft ein sehr viel ambitionierteres Entscheidungsverhalten auf als einheimische Familien, was für Migranten positiv wirkt. Das heißt, sie gehen auch bei geringerer sozialer Herkunft und schlechteren Leistungen z.B. bereits auf höhere Schulformen über. Aspirationen!

Soziale und ethnische Herkunftseffekte

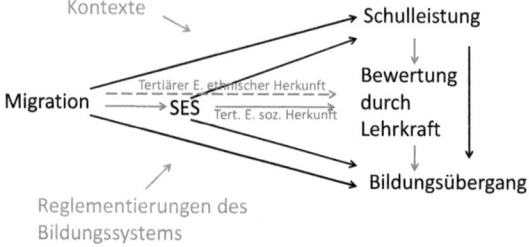

Kontexte

Schulleistung

Migration → SES
Tertiärer E. ethnischer Herkunft
Tert. E. soz. Herkunft

Bewertung
durch
Lehrkraft

Reglementierungen des
Bildungssystems

Bildungsübergang

Notizen zur Folie

Nun ist es aber so, dass nicht allein die Eltern auf die
Schulleistungen und Übergänge Einfluss nehmen. Die Lehrer
nehmen hier eine zentrale Rolle ein, was sinnvollerweise in dem
Erklärungsmodell nach Boudon erweitert werden sollte (tertiäre
Effekte nach Esser!). Die alltäglichen Bemühungen der Lehrer/die
Beurteilung in Form von Noten/ die Vergabe der
Übertrittsempfehlung kann durch Stereotype und damit durch
Diskriminierung seitens der Lehrer geprägt sein. Diese
Diskriminierungen sind einerseits denkbar mit Blick auf die soziale
Herkunft der Schüler (tertiäre Effekte der sozialen Herkunft), was
natürlich ebenso Migranten betrifft, da sie ja häufig aus sozial
schwachen Verhältnissen stammen. Es kann aber auch sein, dass
Kinder explizit aufgrund ihrer ethnischen Herkunft benachteiligt
werden (also unabhängig ihrer sozialen Herkunft), dann würde man
nach Esser von tertiären Effekten ethnischer Herkunft sprechen.